AF248203

# LIVRES BRULÉS A PARIS

# LIVRES SAUVÉS

# LES MANUSCRITS FRANÇAIS A L'ÉTRANGER

## MAI 1871.

### Par M. Charles DESMAZE,

Membre titulaire non résidant de la Société des Antiquaires
de Picardie.

AMIENS,

Imprimerie ÉMILE GLORIEUX et Cⁱᵉ, rue du Logis-du-Roi, 18.

1872.

# LIVRES BRULÉS A PARIS

## Livres sauvés — Les Manuscrits français à l'étranger

---

### I.

Il y a longtemps déjà que Napoléon Ier voulait que les « savants
» créâssent des catalogues (par ordre de matières) des sources au-
» thentiques, où les auteurs, écrivant sur un ebranche quelconque du
» savoir humain, pourraient aller puiser leurs renseignements (1).
» Aujourd'hui, l'homme désireux de s'instruire ressemble à un
» voyageur qui, pénétrant dans un pays dont il n'a pas la carte
» topographique, est obligé de demander son chemin à tous ceux
» qu'il rencontre. » Il importe en effet de révéler, pour chaque
contrée, les documents pouvant servir à l'étude des monuments, des
hommes ; il faut examiner, dans le passé, dans le présent, ce sol
sur lequel nous sommes nés, où nous vivons, où nous dormirons
l'éternel sommeil. — Là sont les chers et glorieux souvenirs, les

(1) Notre vœu commence enfin à se réaliser. — Le savant conser-
vateur des camées de la Bibliothèque Impériale M. Chabouillet, dès
1858, obéissant aux légitimes exigences de l'opinion, qui demande les
catalogues des richesses scientifiques de la France, publiait son inven-
taire raisonné des monuments exposés dans le cabinet des médailles
et des antiques. — Les archives Nationales, grâce à leurs savants
directeurs MM. de Laborde et Alfred Maury, publient les pièces et les
catalogues, confiés à la rédaction des érudits conservateurs MM.
Tardif et Boutaric. — (Voir le *Musée des Archives de l'Empire*. Plon,
éditeur.)

cendres tièdes encore des aïeux qui, en passant de la vie à la mort, nous ont laissé leurs nobles exemples, dont il faut enfin profiter. — On a trop concentré les recherches de l'érudition à Paris et sur Paris, il en est résulté un dédaigneux abandon des hommes et des choses de la province et une complète ignorance de ce qui se passe à l'étranger (1). Il faut enfin nous résigner — quoiqu'il en coûte à nos habitudes sédentaires, à notre vanité nationale, — à regarder vers l'horizon de quel côté brille la lumière. — Les autres nations veillent, avec un soin jaloux, sur leurs précieuses bibliothèques, — où est conservée notre histoire. — A l'Escurial sont les manuscrits enlevés à la bataille de St.-Quentin, (1557) — les archives de Simancas (Espagne) occupent un château où nul n'habite, afin d'éloigner les chances d'incendie, — à Rome, à Londres, à Munich, les livres, les tableaux, les médailles font l'admiration et l'orgueil dés visiteurs. — A Paris, une insurrection armée, formidable par ses moyens d'action, féroce en ses desseins, vient de brûler, en présence des Prussiens, nos Palais, les bibliothèques du Louvre et de l'Hôtel-de-Ville, le Palais de Justice et ses greffes, la Préfecture de police et ses vieilles archives, comme s'il suffisait du pétrole pour consumer et détruire l'histoire d'une nation un instant anéantie et qui veut ressusciter. — Voyons donc nos ruines, telles que les modernes vandales les ont faites, après Strasbourg bombardé. (3) Voici Paris brûlé. — Regardons en face et dé près tant de désastres, après tant de deuils !

(1) Curiosités historiques de la Picardie d'après les Manuscrits. (857-1802) *Paris* 1865.

(2) Voir la lettre de M. Rodolphe Reuss sur les bibliothèques publiques de Strasbourg, incendiées par les obus prussiens dans la nuit du 24 août 1870. (*Revue critique d'histoire et de littérature*, Strasbourg, juillet 1871.)

(3) Voir la XXIIᵉ livraison de l'*Ecole des Chartes*. 1871.

## II.

— Pour l'administration de l'assistance publique à Paris. Voici les manuscrits (2) et les titres qui ont été préservés de l'incendie : — 1º Les *Cartulaires de l'Hôtel-Dieu,* manuscrit en minuscules gothiques des XIIe et XIIIe siècles.

2º Le *Livre de vie active,* très-beau manuscrit du XVe siècle, où se trouvent de très-curieux renseignements sur l'Hôtel-Dieu à cette époque. On y voit notamment une enluminure, représentant les malades couchés, comme ils étaient parfois alors, sept dans un seul lit. — 3º Les trois *Antiphonaires de la Charité,* in-folios énormes, richement ornés, quoique avec un goût médiocre. 4º La collection complète des registres des délibérations de *l'ancien bureau de l'Hôtel-Dieu,* qui s'étend sans la moindre lacune de l'année 1531 à l'année 1792. Ce recueil est un document des plus intéressants pour l'histoire de la santé publique depuis trois siècles. 5º Les titres de propriété des anciennes *maisons de Paris dont l'Hôtel-Dieu était propriétaire.* 6º *La collection des comptes de l'hôpital Saint-Jacques-aux-Pélerins,* remontant à la fondation de cet hôpital, c'est-à-dire aux premières années du XVIe siècle, en outre, toutes les vieilles chartes dudit hôpital. 7º *Quarante cartons environ, contenant les plus précieux documents, relatifs aux dons et legs faits aux hôpitaux ;* les titres provenant de la célèbre famille de Lionne remplissent à eux seuls huit de ces cartons. 8º Un nombreux choix de pièces, *venant de l'hôpital du Saint-Esprit-en-Grève, des Enfants-Rouges, des Enfants-Trouvés.*

Par cette énumération, on peut juger de ce que l'Assistance

(1) La bibliothèque du Louvre est entièrement détruite, elle contenait de précieux documents administratifs, souvent consultés par les grands corps de l'Etat. — Elle renfermait aussi des manuscrits parmi lesquels nous avions noté un mémoire historique sur la ville de St.-Quentin (1772) avec des armes et la devise : *Re que Diou.*

publique a sauvé ; grâce à un acte de prudence, elle possède encore les éléments d'une magnifique collection. Mais disons aussi les pertes qu'elle a subies : l'incendie a dévoré tout ce qu'on n'avait pu descendre dans les caves. Voici la liste sommaire des documents qu'il a détruits, le 24 mai 1871. 1° Une grande partie des documents connus sous le nom de Fonds des indigents des paroisses, qui renfermaient les titres des fondations charitables au profit des hôpitaux ; il est vrai qu'on pourra retrouver chez les notaires les minutes de ces actes de fondation. 2° *Les registres de l'ancien hopital-général (Salpêtrière)*. Pas une pièce de cette grande collection n'a été sauvée. 3° Toute la collection des pièces relatives à *l'administration des hôpitaux de Paris* pendant la période dite *intermédiaire*, (c'est-à-dire de 1792 à 1801) ; il sera possible de retrouver la meilleure partie de ces documents aux archives centrales. 4° Une grande partie des titres de *l'hôpital de la Charité :* les archives centrales peuvent également y suppléer. 5° *Les archives modernes ont été complètement brûlées*, à l'exception de l'importante collection des minutes des arrêtés du Conseil général de l'administration, depuis 1801 jusqu'à 1855 ; à partir de 1855, jusqu'à l'année actuelle, toutes les autres minutes ont péri dans les salles du secrétariat. 6° *Le catalogue raisonné des archives*. Ce travail commencé depuis plusieurs années, avait déjà produit trois énormes volumes d'un haut intérêt historique, dus le premier à M. Julien Tournier, et les deux autres à M. Brièle. Toute l'édition de cet important ouvrage a été dévorée par les flammes. Heureusement, quelques exemplaires isolés avaient été déjà distribués : ils permettront de faire une réimpression.

— En résumé, beaucoup des pertes de l'Assistance publique, en fait d'archives, pourront se réparer, grâce aux archives centrales, aux archives des domaines, aux minutes des notaires et aux manuscrits de la Bibliothèque Nationale. Mais quel travail ! On estime à trois ans au moins la durée des recherches nécessaires rien qu'aux archives centrales.

— Par ordonnance du 25 juillet 1871, M. Gilardin, premier président de la Cour de Paris a nommé une Commission, composée de M. le Président de Chambre Berthelin, Cramail, Legendre, conseillers. Merveilleux, avocat-général, Vaney, substitut, pour constater les pertes d'archives, registres, documents judiciaires, subies au Palais de Justice de Paris, pendant la Commune. (18 mars — 25 mai 1871) — Les arrêts, depuis 1800 jusqu'à ce jour ont été consumés, avec les registres de l'État-Civil de Paris.

## III.

Maintenant voici les documents des archives de la préfecture de police sauvés de l'incendie :

1° Les registres contenant les écrous des personnes incarcérées . *d. A la Conciergerie*, de 1500 à 1794 ; — *au Châtelet*, de 1651 à 1792. — *b.* Aux *prisons Saint-Martin*, de 1649 à 1791 ; — *Saint-Eloy*, de 1663 à 1743 ; — *de la Tournelle* de 1667 à 1715 ; — *de la Tour Saint-Bernard*, de 1716 à 1792 ; — *de Bicêtre*, de 1780 à 1796 ; — *de la Force*, de 1790 à 1800 ; — *de Port-Libre*, (*Port-Royal*) pendant les ans II et III de la République ; — *de Saint-Lazare*, pendant l'an II de la République ; — *de l'Égalité* (*Collège du Plessis*), de l'an II à l'an IV de la République ; — *de Sainte-Pélagie*, de 1793 à l'an VII ; — *de l'Abbaye*, de 1793 à l'an II ; — *du Luxembourg*, de 1793 à l'an II ; — *des Carmes*, (1) de 1793 à l'an II ; — *de la maison de santé de la Folie-Regnault*, pendant l'an II ; — *de la maison de santé Belhomme* ; — *de la maison du Temple*, de l'an IV à à 1808 ; — *de Vincennes*, de 1808 à 1814.

2° Les registres contenant les interrogatoires des individus, *arrêtés pour émigration et opposition à la Révolution*, de 1793 à l'an II.

(1) Voir sur la prison des Carmes le beau livre de M. A. Sorel, juge à Compiègne.

3° Les registres contenant diverses *enquêtes de police*, de 1790 à l'an II.

4° Les registres *d'écrou des prisonniers arrêtés par ordre du roi*, de 1728 à 1772 (*prisons de province*).

5° Les registres de *procès-verbaux criminels*, de 1725 à 1789.

6° La liste des individus, *emprisonnés par ordre du roi dans le ressort de Paris*.

7° La liste des individus *emprisonnés par ordre du roi, dans les provinces*.

8° *Les arrêts des conseils provinciaux.*

9° *Les arrêts et décisions du Parlement de Paris*, de 1767 à 1791.

10° *Un recueil manuscrit de lois et de règlements de police, connu sous le nom de Recueil Lamoignon*, 1182 à 1762.

11° *Les registres des bannières et des couleurs du Châtelet.*

12° *Les lois, réglements, édits, de Saint-Louis à Henri II inclusivement.*

13° *Des notes sur les prisonniers de la Bastille*, de 1661 à 1756.

14° *Toutes les lettres de cachet*, de 1721 à 1789.

15° *Les procès-verbaux et les nominations officielles de tous les employés de police*, de 1790 à 1814.

16° *Les jugements, ordres d'arrestation, de transfert, de libération*, de 1789 à l'an V.

17° Des notes par Topinot — Lebrun, sur les *individus cités devant le tribunal révolutionnaire*.

18° *Des papiers relatifs aux funérailles* et à l'inhumation des princes.

19° Tous les papiers *concernant l'affaire de la machine infernale de la rue Saint-Nicaise.*

20° Des documents relatifs à *Georges Cadoudal, au général Mallet, à Fauché, à Borel et Perlet, à Lavalette, aux fédérés de Paris, à Maubreuil, aux vingt-deux patriotes, à Ceracchi, aux ex-conventionnels, à la conspiration de 1820, à Louvel, à Mathieu Bruno.*

— En face de tant de désastres, volontairement causés par une populace en délire, qui tentait d'envelopper dans une même ruine la religion, la patrie, la propriété, la famille, il faut bien, pour se consoler, regarder au loin et demander à l'étranger ce qu'il renferme de documents intéressant notre histoire nationale (1).

## IV.

Dans les manuscrits français de la bibliothèque de Stockolm, nous trouvons :

*Amiens. — Ordonnances.*

*Che est le chartre que Li roi Phelipes donna à le ville d'Amiens* (2) :

*In nomine patris et filii et spiritus sancti, amen.* — Jou Phelipes, roi de Franche, par le grâce de Dieu, fais savoir à tous chiaus qui cheste chartre verront, pour che que nos amis et nos féal chitoiens d'Amiens nous ont servi féalment, pour l'amistié d'aus et pour leur requeste, nous leur avons octroié commugne à teles coustumes, lesqueles ils ont jurées à tenir et garder :

...... Cheste chartre du roi Phelipes fut donnée et à Péronne renouvelée, en l'an de l'Incarnation Notre-Seigneur MIIᵉ IX, el trésime an de son regne, cheste chartre fut confremée et renouvelée du roi Louis, à Haidin, en son Castel, en l'an de l'Incarnation Notre-Seigneur, MIIᵉ XV, el tierch an de son règne, estans en son palais, ches Barons qui sont chi nommés présents : *Nul senechal n'avoit en Franche. — Li signes Robert le Bouteillier. Li signes Ber-*

(1) Grâce à l'énergique attitude de M. Alfred Maury et de ses collaborateurs, qui n'ont pas quitté, un seul instant, pendant la Commune, les archives nationales, ce précieux dépôt n'a pas été atteint. — Il en a été de même à la Bibliothèque nationale, qui ne regrette qu'un seul volume confié à l'Hôtel-de-Ville et brûlé dans l'incendie de ce monument.

(2) Bibliothèque royale de Stockolm. (Manuscrit sur parchemin.)

*thelmieu li chamberlens. Li signes Mathieu le connestable. — Tout che fu par le main Garin, Evesque de Saint-Liz.* (1)

— L'usage de la chité d'Amiens :

Chertaine cose est que quiconque soit de le commugne de le chité d'Amiens on ne peut prendre, ne retenir son cors, ne despouiller par amende de deniers, ja soit chou que che soit de le haute amende.

— Le chose n'est d'asseurement en fraint ou de laide ouvre, ains sera bannis de le chité et de le banlieue, jusques à tant que il ora paié et fait gré.

— De nombre de porter en mariage :

Quiconque marie sa fille ou sen plus prochain hoir, et en porte un nombre de deniers, par condicion, qui doivent estre mis en héritage, avec les hoirs de chelui ou de chele qui les porte. Et ce il avient cose que une des parties meure et si n'aient nul boir, li héritage qui de chès deniers seroit acatés, par condition, escharroit à chelui qui les aroit portés ou à sen costé ne ni oroit rien l'autre partie, ne repartiroit as deniers, ja fust che cose con n'eut mis encore des deniers acaté héritage.

— Les usages du Prévost d'Amiens :

S'il avient que uns homs se claime d'un autre qui soit de commugne, de catel, s'il le fait adjourner devant le Prévost, se chil de qui on se claime, dizt par devant la justice que il li fera son gré, il s'en part sans amende et se il ne li fait sen gré seur jour et chil à qui on doit le reste vient arrière plaintes li deterrer, est à IIII deniers d'amende, lendemain, avant le Prévost et au tierch jour à XXVIII deniers d'amende envers la justice, l'amende ne peut plus monter.


(1) Garin, évêque de Senlis, fut garde des sceaux, enfin, sous Louis VIII et Louis IV, chancelier de France. — (Bordier. *Les Archives de l'Empire*, p. 129.)

— Du mariage hors de ville :

Il est establi par le Maieur et les Esquevins que se un hom marit se fille hors de la ville, et il li donne deniers à son mariage, il convient que il acuite des deniers envers le ville XII deniers de le livre.

— L'ordenanche des plais de le vile d'Amiens :

Ch'est l'ordenanche des plais de le vile d'Amiens, tenus par le Maieur et Esquevins, lequelle ordenanche fut faicte par sire Galeran de Vaulz, a donc Baillui d'Amiens, à che appelés lesdits Maieurs et Esquevins et aultres plusieurs sages du pais, ache ayaules et connaissans et en entérinant le mandement du Roy, nostre sire, par ce, audit bailli envoyé : *Primo* est ordené par les dessus nommés que lidit Maire et leurs successeurs oront une closque, en leur maison des cloquiers ou ailleurs, en lieu convenable, lequele on sonnera, par une longue espasse de temps convenable, soit devant dingner ou après, ou en aucune d'aultres heures, toutes fois qu'il plaira à diz Maicurs et Esquevins, dedens lequel son de le dite closque, les parties qui auront jour l'un contre l'autre, seront tenues de eulz présenter par devant lesdits Maieurs et Esquevins ou par devant aultre establie ad ce faire.

Item.—Li clerc desdits Maieur et Esquevins sermenté, ordené à oir et examiner tesmoins et parties seur leur fais, seront prest en le maison des cloquiers ou ailleurs, en un certain lieu, tout lejour, et li esquevins liquel aront chascun tesmoines oïr iiij deniers et li clerc viij. — Et seront escript après le déposition des tesmoins, les noms des esquevins, par lesquels ils seront ouys. Et i ordenera li maire des esquevins, qui seront a ches tesmoins ouïr, par quoy il ni ait despartes. Et seront tenu li advocat et procureur de jurer à tenir et warder les ordenanches dessus dictes.

— Regis Philippi statutum.

Nos Philippus, Dei gratiâ Francorum Rex, pro reformatione Regni nostri quòd retroactis temporibus gravatum extitit adversita-

tibus temporum et guerrarum et pluribus controversiis euntibus.
Requirentes Prelatos, barones et alios fideles et subditos nostros
quatenùs eas vel ea faciant à subditis suis teneri et firmiter obser-
vari in terris et jurisdictionibus suis modo quo injungimus et nos
nostris. In cujus rei testimonium præsentibus statutis sive consti-
tutionibus nostrum fecimus apponi sigillum. *Actum Parisiis, die lunœ
post mediam Quadragesimam. Anno domini millesimo trecentesimo secundo.*

— Ordonnances du roi Loys X (1315) (1).

Loys, par la grâce de Dieu, Roys de Franche et de Navarre, nous
faisons savoir à tous présens et à venir que nous qui nous désirons
et désirer devons le pais et la tranquilité de nos loiaux sougies, et
nous esiaissons en y chely, querons volontiers et touz jours volons
querre voies et manières par lesquelles y chil sougies soient et
puissent estre tenu et deffendu des oppressions, griez et do-
mages.....

Et pour che que che soit ferme choze et estable à perpétuité,
nous avons faict mettre à ches présentes lettres nostres séel, sauf
en aultres chozes nostre droit et celui d'autrui.

*Faict et donné à Paris, le XV^e jour de May, l'an de grâce mil trois
cent et quinze.*

— *Li prévost de Paris et d'Orliens.*

*Ce sont les rubriches de ce livre, qui est des establissemens le Roi de
France, que li Prévost de Paris et d'Orliens tiennent en lor plais.*

*La première rubrique si est de l'office au Prévost :* Li Prevost de
Paris et cil d'Orliens si tenront ceste forme en lor plais : — se aucuns vient devant ex, et mueve question de marchie, qu'il ait fait
encontre un autre y demande iretage, li Prevos semonra celui
dont on se plaindra et quand les parties venront à cel jor, li deman-
deur fera sa demande et cil à cui on demandera, respondra cel jor

mesme, se c'est de son fait et ce c'est d'autrui, il ara un seul jor à responde, se il le demande et à cel jor, il respondra. — Se cil à cui on demande, connoist ce que on dira contre lui, li Prevos ce qui sera connu, fera tenir et entériner, selon cou qu'il est à coustume.

De bataille, de campions cangier, de murdre por sen meffait appert.

S'aucuns hom mehagnies ou aultres qui ait passé sen aage de IX ans et 1 jour et uns autres qui soient sours et lours, qui puisse montrer autre mehaing et li quex que ce soit de ces ii apelast l'un l'autre de murdre ou de rapt ou de traison, ou d'un autre meffait, dont se li quex que ce soit estoit vencus et en deust prendre, et li un se vausit cangier et lui deffendre dezist je ne voel mie que vos me cangiés, car vos m'apeles et je ne vos apele mie de tel meffait, dont joue prenge mort, se iou estoie vencus, droit donroit qu'il se cangeroit, ja pour cou ne le lairont.

Ci fenissent li usage de Thouraine et d'Anjou et ci après commence de justice et de droit et des commandemens de droit et de l'office de chevalerie et de prendre mauffaiteur en présent fait et de l'usage d'Orlenois et de Paris en court de baronnie.

Justice si est une volentes estable, qui donne à cascun son droit et li commandement de droit si sont cel : honnestement vivre, ne nul personne ne doit despire, si donner à cascun son droit (1).

Selonc droit escrit et entitelé : *de justitiâ et jure*, où il est traitié au commencement espéciaument de ceste matière.

De pugnir maufaiteur et de prendre maufaiteur, en present fait et de prouver le présent. — Saucune justice prend 1 home le Roi ou 1 sien justiciable au Roi.

*De Chevauchie faicte à armes.*

Se il est à tort venus, ensi comme ai dit ou ceu qui est avoues du Roi, il fera l'amende par le coustume du pais et de la terre, et

(1) Jus suum cuique tribuere, disent les Institutes de Justinien.

fera l'amende de LX libr. Se il est bers ou chevaliers ou gentix hom, mais nus ne garandist selonc l'usage d'Orlenois, s'il n'est bers, ou s'il ne tient en baronnie, et s'il desavoue le fie mauvaisement de sen droit signeur, et il en soit atains, il perdra son fie, si comme nos avons dit devant en l'usage d'Orlenois ou titre dassener à son fie et de desavouer son droit signeur, où il est traitié de ceste matère, mot à mot et usages et coustumes généraux esprouvée si accordent, car messires li rois deffend les armes et les chevauchies, selon ses establissemens.

Che finist li usages de le Prévosté de Paris et d'Orlenois, en cort de baronnie (1).

### Coustumier de Bretaigne (2).

Le samedi avant la feste Saint-Hilaire (3), (janvier 1275). Le Seigneur des seigneurs de tous princes, le Souverain Dieu tout puyssant, voulant diriger humaine créature à béatitude, sa benoyte fin et, en la dirigeant, la conssuer, a estably là bas seigneurs spirituels et temporels et, par leurs organes, promulgé et promulge journellement droyz, establissemens et coustumes, qui pour la labilité de mémoire, sont rédigez par escript en diverses régions, ainsy que es pays, personnes et lieux assemblé convenable. — Et, entre les autres, les costumes et establissemens de Bretaigne par les Roys et Ducs de Bretaigne o le conseil et advis des Prélats et Barons.....

Le livre finit ainsi : Qui voudroyt vivre honnestement et que justice soyt faicte, on peut apprendre en ce livre qui nous enseigne des coustumes, des stiles, des establissemens de Bretaigne, qui doyvent estre tenus, selon rayson et droit, et justice estre faicte.

(1) Manuscrit sur parchemin. (Bibliothèque de Stockolm.)

(2) Manuscrit sur parchemin. (Bibliothèque royale de Stockolm.)

(3) Assisia Britaniæ facta per Principem scilicet Gauffridum, tunc temporis Comitem Britaniæ.

— *Guillelmus de Brolio. Stilus curiæ Parlamenti* (1).

Ce manuscrit commence ainsi : Quoniam hominùm labilis est memoria. — A la seconde page : oratio quia de stilo curiæ Franciæ pauca reperiuntur. — A la troisième : quia dictus stilus quandò quam diversificatus fuit, ideò pauca de ipso, in hoc libro, in scriptis compilari et cum maxima diversificatione expertorum vère in curiâ et diversificatorum. Et maximo labore ad me cum subtili cautelâ applicari et ipsa in exempla tradam ut sic non oporteat, si aliquid in dubium revocetur, nisi recurrere ad registrum curiæ.

De modo et gesta quem debet habere (2) advocatus curiæ Parlamenti. — Habeas, advocate, modum et gestum maturum, cum vultu læto moderatè. — Sis humilis, curialis, secundùm statum tuum, retentâ amænitate statûs tui.

— Arresta extracta de libro Inquestarum cooperto pelle viridi, incipientia primo folio. Inqueste reddite de deliberatione, Parisiensi in Parlamento, octavo candeloræ. — Anno Domini millesimo ij<sup>c</sup> lvj.

— In secundo folio incipientia : probate sunt multe novitates. In dorso signato : societas Rothomagens. Mercator (3).

— Les anciennes coustumes de Lourris.

— Les coustumes de Meung-sur-Eure.

— Ordonnances faictes sur la polisse de la ville de Bourges.

— Coustumes et usaiges dont l'on est accoustumé de user en Champaigne.

— Coustumes de Champaigne et premièrement la chartre des barons de Champaigne.

— Du conseil du Roy. — Des personnes desquelles les Roys ont composé leur conseil et qui ont eu séance, entrée et voix en iceluy (1700).

(1) Bibliothèque royale de Stockolm. (Manuscrits français.)

(2) M. Hauréau (de l'institut) a fait une savante étude sur les œuvres de Guillaume du Breuil.

(3) Bibl. roy. de Stockolm. Ms. fr.

— Etat et menu général de la dépense ordinaire de la Chambre aux deniers du roi (1707).

— Etat des personnes qui doivent et ont droit de manger aux tables du Roy, durant l'année 1707. — Fait et arrêté le premier janvier 1707. Signé : *Henry Jules de Bourbon*, et plus bas : *par Monseigneur : Lombard.*

— Explication des recettes et dépenses du Roy de France des années 1688, 1712, 1717, 1722. 1734, 1739, contenues dans les deux cartes de cabinet, avec le montant des recettes et dépenses de l'année 1740. (*Fait et arrêté à Paris, le 1 Février 1741.*)

— *Jura et Instituta Normanniæ.* (*Anno Domini trecentesimo.*) (1)

— Incipit liber de juribus et consuetudinibus Normanniæ : cùm in effrenatæ cupiditatis malitiâ, humanum genus ardore suo insociabili teneat errecticum discordantias generans, ac dissensus à finibus hominum pacem et concordiam penitùs proscripsisset.....

— On y trouve cette inscription :

— *Alexander, Pauli filius, Petavius, Senator Parisiensis. Anno* 1647.

— Au mot *Abjuracion*, le Recueil des lois anglaises sous Henri VI (*Digest of Law*) (2), dont le manuscrit est à la bibliothèque royale de Stockolm, porte : qui terram abjuravit, dùm sit in strata publica, sit pace Regis ; nec debet in aliquo molestari et, dùm sit in ecclesiâ, custodes ejus non debent morari infrà cimeterium, nisi necessitas vel evasionis periculum hoc requirat. Nec arcentur confugi dum sint in ecclesiâ, qùin possint habere vitæ necessaria et exire libere pro obscæno onere deponendo.

— Regis Canuti leges (*Bibliotheca Colbertina.* — *Manuscrit* 3860.)

### Œuvres en Prose (3).

S'ensuivent les dits moraux des philosophes, translatés de latin

(1) Bibliothèque royale de Stockolm (Ms. latin.)

(2) Brittiska och Fransyska Handskrister uti Kongl Bibliotheket i Stockolm. — 1847.

(3) Bibliothèque royale de Stockolm. (Manuscrits français).

en françois, par noble homme messire Guillaume de Tignonville, chevalier. — Christine de Pisan. — Roman de Mélibée et Prudence.

## Ballades et Poëmes.

Ballades et Rondeaux. — Le premier testament Maistre François Villon. — Le testament second de maistre F. Villon. — Le tournoi amoureux. — Le débat du cœur et de l'œil. — Noms des XII pères de France. — Item des Ducs et Comtes du royaume. — Le nombre des villes à clochier. — Complaincte en matière de nostre Diabolique. — Alain Chartier. Le bréviaire des nobles. — Le lay de paix. Paris 1617. — La belle dame sans merci. — Michault Taillevent. Le régime de fortune. — Huon de Méry. Le tournoiement Antécrist. Ballade faite quand le roi Charles VII fut couronné à Raims, du temps de Jehanne d'Arz, dicte la Pucelle. — Le Quadriloque, fait par maistre Alain Chartier. — Palamon et Arcita, romman translaté de vieil langage et prose en nouveau et rime, par Madamoiselle Anne de Graville la Malet, dame du Boys Malesherbes, du commandement de la Royne (1520). — Exemplaire ayant cette mention : *Guillermi Le Rouille, Alençoniensis causidici in legibus licentiati. Justiciæ atque injusticiæ descriptionum compendium. — A Paris, en la rue neuve Notre-Dame, à l'enseigne de l'Ecu de France.*

— Duchastel. Le Conseil de Mariage. — Passe-temps Michault. Le contre Passe-temps Michault, par Pierre Chastellain. — Le temps reconneu de Pierre Chastellain.

— La bibliothèque de Stockolm contient de nombreux romans en vers français, manuscrits, sur parchemin, parmi lesquels il faut citer : Loys, roi de France et Thibault d'Arabie, ou les expéditions de Louis I et de Guillaume d'Orenze, contre les Sarracins, attribué à Guillaume de Bapaume. — L'image du Monde, par Gautier de Metz. Au bas de ce manuscrit est écrit : *Nicolas de Livre, seigneur de Humerolles, a donné ce présent livre à Monsr Henry Estienne, ce XVI janvier 1579, à Paris.* — Le romman d'Athis et de Prophilias, avec cette mention : *L'an de grâce mil ij<sup>e</sup> quatrevins et XIX. Lou mardi d'avant la translation Saint-Nicholas, ou mois de Mai fuit escript ci romans, de la main de Jehan Clart. demorant à Fontenoy.* — Le roman de Rou et des ducs de Normandie de R. Wace. — Le livre des eschais. Ci commence le livre des eschais, que translata de latin en françois frère Jehan de Vignay, de l'ordre des frères de Haut-Pas. A la requête et prière de noble homme Bertrand Aubery de Tarascon, ce livre li présenta ledit frère Jehan humblement, son petit et humble chapelain, le iiij mai, l'an MCCCLVII. — Le manuscrit porte ces mentions : l'an 1488, François Decaumont naquit au tiers jour d'aoust, environ mynuyt, et François Giron, 1658. — Guillaume de de Guilleville. Le Pélerinage de la vie humaine, avec cette incription :

> *Mil quatre cens quarante trois,*
> *Le jour précédent Saint-Franchois,*
> *Fu chest livre chy par escrips,*
> *Par le main dampt Zain de Zyanys,*
> *Moigne du Gard, à Longviller,*
> *En l'ostel dampt Zain Chevalier,*
> *Prieur dudit lieu, pour le jour*
> *A l'escripvent doint Dieu s'amour.*

— Chi se commenche le pèlerinage de l'âme, puisqu'elle est yssue du corps. — La copie en fut consommée, l'an de grâce MCCCCXLIII, en l'abbey de Longviller.

— Roman d'Eledus et de Serene. — Le livre dou bon Roy Alexandre.

— *Revenus de l'Hôtel-Dieu de Vernon (Eure)* (1) :

— Ci sont les terres de Lespinoy, qui appartiennent à l'ostel-Dieu de Vernon.

---

(1) Manuscrit sur parchemin. — Bibliothèque roy. de Stockolm.

— De Gallinis. Non quia gallinæ de quibus est intencio debean-
tur domui Dei, sed ut sciatur quod quique debent gallinas, debent
corveas.

— Ponuntur nomina et cognomina personarum quæ debent red-
ditum in termino Paschæ et in quibusdam aliis terminis, et cum his
ponitur summa redditus qui debetur : Natalis barbitonsor V soli-
dos. — Ricardus Helloyn IX, s. — Idem, dimidium caponem ad
Natalem Domini..... — Magistro Ricardo, unum quarterium muto-
nis ad Ascensionem Domini.

— *La règle Sainct-Benoit* (1) :

— Si commence les statuts et la règle Monsieur Saint-Benoît,
translatés de latin en françois et confirmés par notre Saint-Père le
Pape, contenant cent chappitres.

— S'ensuit le proheme : Eslevés doncques devotement votre
penser à entendre l'admonicion du bon Père Saint Benoist, qui
exhorte chascune de vous en disant : Escoute, fille, les commandemens de Dieu ton maistre, encline l'oreille de ton cœur, et re-
coips voulentiers l'admonicion de Dieu ton père piteulx, et mets
en effaict, afin que tu retournes à luy par labeur d'obédience du-
quel tu t'es departi par lascheté, dignobédience.

— Boissart (Jo. Jac.) Inscriptionum antiquarum quæ tàm Romæ
quàm in aliis quibusdam Italiæ urbibus videntur, — cum suis sig-
nis propriis ac veris lineamentis exacta descriptio. — *Romæ,
anno* MDLIX), avec cette inscription :

OY ΔOKEIN AΛΔA EINAI. (*Ne pas paraître, mais être*).

—Catalogue des ouvrages de M. Le Clerc, Chevalier Romain, dessinateur et graveur ordinaire du cabinet du Roy, faict par M. Le-
Clerc, son fils, prêtre, docteur de Sorbonne. (M.D.C.L.XV.) (2).

— Catalogue des œuvres de François Chauveau, dessinateur et

(1) Manuscrit sur papier. — Bibliothèque royale de Stockolm.
(2) Bibliothèque royale de Stockolm. — Manuscrits français.

graveur de l'Académie royale de peinture et de sculpture à Paris. — (1697.)

— Discours sur la manière d'étudier la couleur en comparant les objets les uns aux autres, et sur la pratique de la peinture et ses trois principaux procédés : ébaucher, peindre à fonds et retoucher, prononcés par M. Oudry, professeur en l'Académie roiale de peinture et sculpture de Paris, les 7 juin 1749 et 2 décembre 1752 (1).

— Plan de la route de Paris à Lille par Senlis, Roye et Péronne, et de celle de Paris à Arras par Compiègne et Saint-Quentin. (MDCCLXXI).

Le chevalier de Berny. — *Précis du militaire en général, dédié à Gustave III, roi de Suède, surnommé le premier citoyen d'un peuple libre. A Bruxelles, le 16 septembre 1777.* Avec cette dédicace :

> *C'est en vain qu'en cette peinture,*
>
> *De ce prince adorable on imite les traits,*
>
> *A moins que ses vertus ne tracent la figure,*
>
> *L'art n'y réussira jamais.*

— Livre du navigateur Marco Polo, escrit au tens que li Incarnation de Jesus-Crist corroit sour. M.C.C.iiijxx et XViij, par Guillaume Gauvain, clerc natif de la paroisse de Broon ou diocèse de Saint-Malo, de l'Isle en Bretaigne. — Lequel livre est et appartient à honourable homme et saige monseigneur maistre Jehan Gilbert, sieur de la Chambre des comptes du Roi, nostre sire, en son palais, à Paris.

— *Liber Sacramentorum.* (2)

— *In nomine Domini incipit.* — *Liber Sacramentorum.* — *De circulo anni, à sancto Gregorio Papâ Romano.* — *Editus qualiter missa Romana celebratur.*

(1) Bibliothèque royale de Stockolm. — Manuscrits français.

(2) Manuscrit sur parchemin. — Bibliothèque royale de Stockolm.

On y trouve, après la liste des Evêques Senonais, cette soumission : Ego Rainardus, humilis abbas Beati Johannis Senonensis subjectionem et obedientiam sanctæ matri Senonensi Ecclesiæ et tibi, Wilelme pater, tuisque successoribus ore promitto et manu confirmo ※.

— Ego Emelina, humilis abbatissa Beatæ Mariæ de Pomereto, debitam subjectionem et obedientiam sanctæ matri Senonensi Ecclesiæ et tibi, Hugo Pater, tuisque successoribus ore promitto et manu confirmo ※.

— Sur plusieurs de ces manuscrits passés à l'étranger, on lit des devises essentiellement françaises : *A jamais* (De Clèves). *Nul ne s'aproce* (De Bourgogne). — *Hélas ! se jay mon joli temps perdu.*

— Le vendredi XIV<sup>e</sup> jour d'avril, l'an mil cinq cens trente-cinq avant Pâques (1), à nous François Errault, conseiller du Roy, notre sire, en sa cour de Parlement, par frère Pierre Gousion, prieur d'Estoille, vicaire du révérendissime cardinal de Tournon, abbé commendataire de l'abbaye de Saint-Germain-des-Prés-lès-Paris, au nom et comme procureur dudit révérendissime furent présentées les lettres-patentes du Roy, desquelles la teneur en suit : François, par la grâce de Dieu, Roy de France, à nos amez et féaux, conseillers, maistre André Guillard, maistre des requestes ordinaires de nostre hostel, et François Errault, conseiller en nostre cour de Parlement de Paris, salut et dillection.

— Le 14 avril 1535 (2). — S'ensuit la substance des rapports faicts par les maistres jurez massons, charpentiers, couvreurs, voyreurs, brodeurs, chasubliers et orfèvres, qui ont faict les visitations dessusdictes.

— Premièrement : les massons, charpentiers et couvreurs ont

(1) Manuscrit sur parchemin. — Bibliothèque royale de Stockolm.
(2) Brittiska och Fransyska haudskriffter uti Kongl Bibliotheket Stockolm. 1847.

estimé les réparations nécessaires de leurs estats à la somme de huit mil cinq cens quatre-vingt douze livres 15 sols tournoys.

— Les voireurs, ce qui est nécessaire pour les réparacions de leur estat, onze cens quatre-vingt douze livres 19 sols tournoys.

— Les chasubleurs et brodeurs, quatre-vingt quatorze livres, 10 sols tournoys.

Quant aux orfèvres, ils ont rapporté ce qui est de leur mestier, en bon estat et réparacion, hormis quelque nombre de pièces qu'ils ont trouvé deffaillir en aucuns relicaires, lesquelles pièces deffaillientes n'ont esté, par eux, estimez ; — le tout, ainsi que plus à plein et par le menu est contenu ès rapport desdits maistres jurés. — En tesmoins de ce, nous commissaires dessusdits, avons signé ce présent procès-verbal et à icelluy faict apposer les sceaulx de nos armes, faict les an, jour et lieux que dessus. — Signé : F. Errault, — A. Guillart.

V.

— Si maintenant de la Suède nous passons en Norwége, nous voyons que la moisson ne sera pas moins féconde pour nos chercheurs (1) ;

— La bibliothèque de Copenhague possède aussi de nombreux manuscrits français :

— Coutumes de Normandie. *(Manuscrit du XV*e *siècle sur velin, sommaire en rouge. Fonds de Thott, n*o *1012, in-4*o*).* Exécuté vers 1460, comme le prouve l'inscription suivante : *Cest coustumier apartient à noble home Guillaume Leberceur, escuier, seigneur de Varrouille, et le fist faire en l'an Miliiij*c *LX, et après le donna à son fils, le XVI*e *jours de fieurier l'an Miliiij*c. Sur la même page on lit : *Tous-*

______

(1) En Danemarck une ordonnance du 17 juillet 1697 prescrit aux auteurs, libraires, imprimeurs, de déposer un exemplaire de tous ouvrages publiés dans le royaume ; la même mesure existe depuis 1556 en France.

*saint de Fourville à qui ce livre est, qui le trouvera s'y lui rende et il sera courtoys.* — De la fontaine Saint-Martin audit de son prochain voyesin Jehan Largier. — Nicolas Pourgin de la paroisse Saint-Martin (1569-1573).

— Bestiaire de Philippe de Thiron. (Manuscrit du XIV<sup>e</sup> siècle. *(Ex libris Sancti Martini à campis.)*

— Décade de Tite-Live. — De la bibliothèque de Sedan.

Chronique Martinienne. *(Manuscrit du XV<sup>e</sup> siècle)*. Le feuillet porte : *Pour M. de Harlay, Procureur général 1661.* Ce manuscrit est de la bibliothèque de M. le marquis de Ménars.

— Statuts et ordonnances militaires du duc de Bourgogne. *(Manuscrit du XV<sup>e</sup> siècle sur velin, è bibliothecâ Dominicanorum Lugduni acquisivi 1744. — Klevenfeldt.*

— Chronique de France. (Manuscrit sur vélin, in folio, avec cette mention : *Pa. Petau, Cons<sup>r</sup> en Parl.*

— Chants royaux en l'honneur de la Sainte-Vierge. Manuscrits du 16<sup>e</sup> siècle. Sur le recto on lit : *Ce livre fut fait pour Diane de Poitiers, duchesse de Valentinois, comtesse de Saint-Vallier, femme de Louis de Crou, comte de Maulevrier, seigneur d'Anet, grand Sénéchal de Normandie.*

Le roman de la rose. Manuscrit du XV<sup>e</sup> siècle, avec cette mention : *P. Nicolas Moreau, sieur d'Auteuil. Donné par Madame Sansi, ma seur, à l'ami de son cœur.*

— Chansons d'amour, avec musique. Manuscrit sur vélin (XV<sup>e</sup> siècle). *Ex libris Johannis du Moulin, dono domini Decani Dumoulin,* maître des enfants de chœur de l'église de Sens. *Puerorum ecclesiæ Senonensis rector,* arrangeant, pour trois voix, les compositions d'autres musiciens et les faisant imprimer chez Pierre Atteignant, à Paris (1).

(1) Voir la savante description des manuscrits français du moyen-âge de la bibliothèque royale de Copenhague. Imprimerie de Thiele. — Copenhague, 1844.

La bibliothèque de Copenhague remonte à Christian III. Dès 1517, le

En lisant ces lignes, qui sont pour les savants français, comme un guide, comme une consolation même, nous leur montrons ces mines si fécondes, si riches encore à exploiter, alors que nous nous désolons au milieu des ruines (1). — L'étranger, le barbare, comme disait Rome au jour même de sa défaite, détient tant de trésors relatifs à notre France, à notre Picardie :

*C'est du Nord aujourd'hui que nous vient la lumière.*

Triste lumière, à laquelle il faut pourtant et au plus vite rallumer le flambeau de la science, si l'on ne veut le voir s'éteindre en notre pays, autrefois l'avant-garde du monde civilisé !

pape Léon X demandait et obtenait de ce souverain pour les faire copier, quelques manuscrits d'histoire romaine, alors conservés dans la bibliothèque de Kallundborg.

(1) Je dois rappeler ici les intéressants travaux faits sur la Suède par M. Bascle de Lagrèze, conseiller en la Cour de Pau et par M. Armand Verdier de Flaux, mon ami dévoué, le remarquable historien de Gustave I, qui a dédié son livre à S. M. Charles XV.

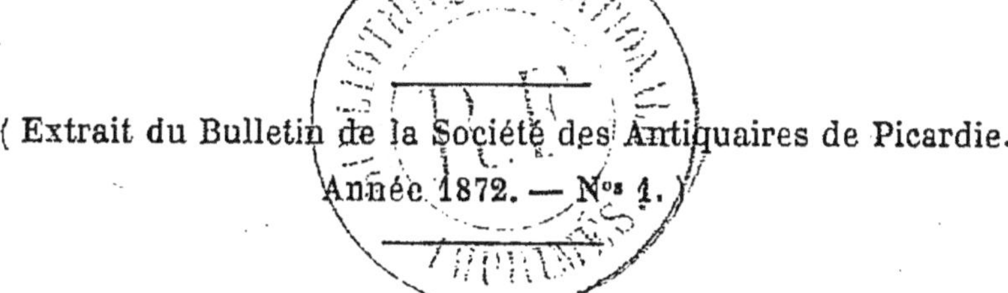

( Extrait du Bulletin de la Société des Antiquaires de Picardie. Année 1872. — Nos 4. )

Amiens. — Imp. Émile GLORIEUX et Ce, rue du Logis-du-Roi, 13.